my sisters
k̲háharám

dúst,
baráye zendegí

Pronunciation Guide©

Persian	English	Pronunciation
اَ	a	ant
آ	á	arm
ب	b	bat
د	d	dog
اِ	e	end
ف	f	fun
گ	g	go
ه	h	hat
ح	h	hat
ی	í	meet
ج	j	jet
ک	k	key
ل	l	love
م	m	me
ن	n	nap
اُ	o	on
پ	p	pat
ق	q/gh*	merci
ر	r	run
س	s	sun
ص	s	sun
ث	s	sun

Persian	English	Pronunciation
ت	t	top
ط	t	top
و	ú	moon
و	v	van
ی	y	yes
ذ	z	zoo
ز	z	zoo
ض	z	zoo
ظ	z	zoo
چ	ch	chair
غ	gh*	merci
خ	kh*	bach
ش	sh	share
ژ	zh	pleasure
ع	'	uh-oh†

*	: guttural sound from back of throat
†	: glottal stop, breathing pause
ّ	: Indicates a double letter
ً	: Indicates the letter n sound
لا	: Indicates combination of letter l & á (lá)
اى	: Indicates the long í sound (ee in meet)
اِي	: Indicates the long í sound (ee in meet)
(...)	: Indicates colloquial use

Englisi	Farsi		Englisi	Farsi		Englisi	Farsi
A a	اَ ہَ		M m	م ممم mím		Y y	ی یىی ye
Á á	آ ا ا 'alef		N n	ن ننن nún		Z z	ذ ذذ zál
B b	ب ببب Be		O o	اُ ہُ		Z z	ز زز ze
D d	د دد dál		P p	پ پپپ pe		Z z	ض ضضض zád
E e	اِ ہِ		Q q	ق ققق qáf		Z z	ظ ظظظ zá
F f	ف ففف fe		R r	ر رر re		**Ch** ch	چ چچچ che
G g	گ گگگ gáf		S s	س سسس sin		**Gh** gh	غ غغغ ghayn
H h	ہ ہہ he		S s	ص صصص sád		**Kh** kh	خ خخخ khe
H h	ح ححح he		S s	ث ثثث se		**Sh** sh	ش ششش shín
Í í	ی یىی ye		T t	ت تتت te		**Zh** zh	ژ ژژ zhe
J j	ج ججج jim		T t	ط ططط tá		'	ع ععع ayn
K k	ک ککک káf		Ú ú	و وو váv			
L l	ل للل lám		V v	و وو váv			

Letter Guide©

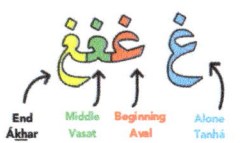

End Ákhar · Middle Vasat · Beginning Aval · Alone Tanhá

The Persian A, B, D's
(because there is no C in Persian)

We want to simplify your Persian learning journey as it is such a unique & enigmatic language. There are 32 official Persian letters. The letters change form depending on their position in a word or when they appear separate from other letters. For example, the letter g͟hayn غ has four ways of being written depending on where it appears in any given word:

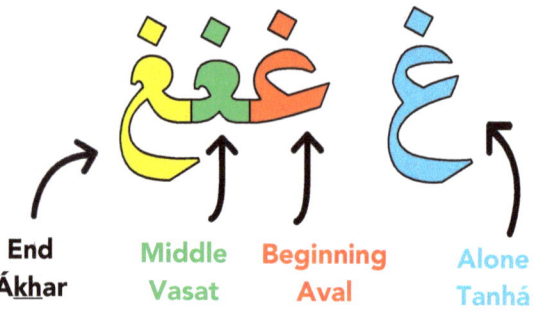

End — Ák͟har
Middle — Vasat
Beginning — Aval
Alone — Tanhá

It is important to note that Persian books are read from right to left (←). There are 7 separate/stand-alone letters that do not connect in the same way to adjacent letters (these will not be depicted in red). They are:

Stand alone — Tanhá vámístan

The short vowels a, e & o are usually omitted in literature and are depicted by markings above & below letters (ُ َ). They are not allocated a letter name, unlike their long vowel counterparts á: alef, í: ye & ú: váv (و ى آ).

ant

múrcheh

مورچِه

ú: as (oo) in m<u>oo</u>n

bee

zanbúr

زَنبور

ú: as (oo) in m<u>oo</u>n

mosquito

pa<u>sh</u>eh
پَشِه

fly

magas
مَگَس

cricket

jírjírak

جیرجیرَک

í: as (ee) in m<u>ee</u>t

ladybird

kafs͟hdúzak

کَفشدوزَک

ú: as (oo) in m<u>oo</u>n

dragonfly

sanjáqak
سَنجاقَک

á: as (a) in arm

butterfly

parváneh
پَروانِه

á: as (a) in <u>a</u>rm

spider

a'nkabút

عَنكَبوت

ú: as (oo) in m<u>oo</u>n

grasshopper

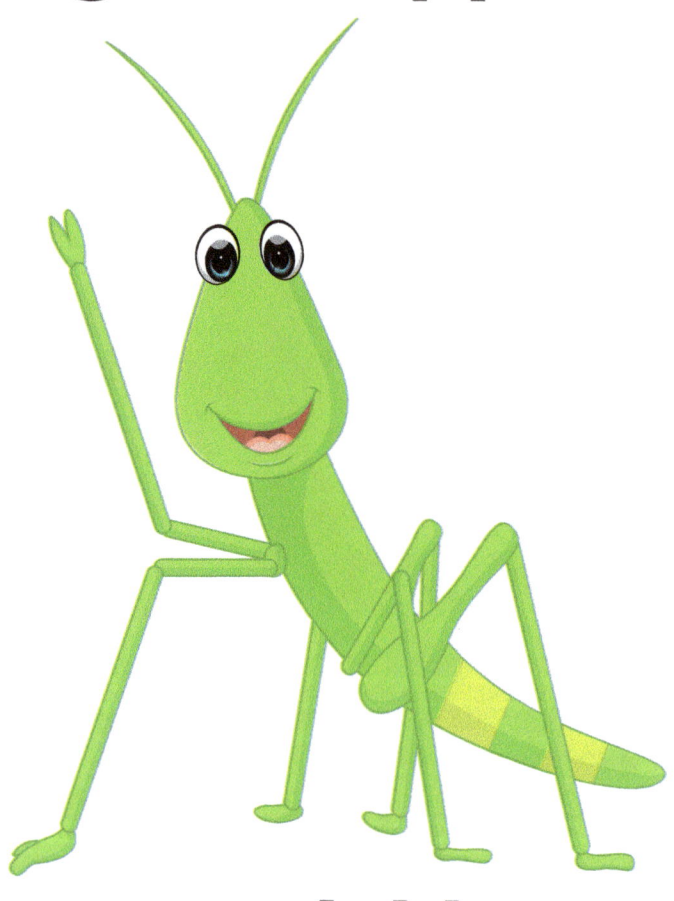

mala<u>kh</u>
مَلَخ

Caterpillar

[silk worm : kerme abrísham : کِرم آبریشَم]

kerme sadpá

کِرم صَدپا

á: as (a) in arm

centipede

hezárpá

هِزارپا

á: as (a) in arm

earth worm

kerme kháká

کِرِم خاکی

á: as (a) in arm
í: as (ee) in meet

lizard

mármúlak

مارمولَک

á: as (a) in <u>a</u>rm
ú: as (oo) in m<u>oo</u>n

scorpion

a'qrab
عَقرَب

snail

halazún

حَلَزون

ú: as (oo) in m<u>oo</u>n

cockroach

sùsk

سوسک

ú: as (oo) in m<u>oo</u>n

bat

khofásh
خُفاش

á: as (a) in arm

www.ingramcontent.com/pod-product-compliance
Lightning Source LLC
Chambersburg PA
CBHW061359160426
42811CB00099B/1142